I0162954

Précipice du Temps : Les Sept Fêtes

LIVRE 1

Précipice du Temps : Les Sept Fêtes
© 2022 Gloire Emmanuel Ndongala

Tous droits réservés, ce livre ou toute partie de celui-ci ne peut être reproduit de quelque manière que ce soit sans le consentement écrit ou par courriel de l'auteur. L'exception est dans le cas de brèves citations incorporées dans des articles critiques et des revues. Pour toute demande d'autorisation, envoyez un courriel à l'auteur : gloire@gloirendongala.com

Tous droits réservés.
Les citations bibliques sont tirées de La Sainte Bible, Bible Segond 21 (S21), sauf indication contraire.

Coordonnées de l'auteur :
Courriel : gloire@gloirendongala.com
Instagram : Gloire777
Site Web : Gloirendongala.com

ISBN : 979-8-9856473-1-0

Publié par
Gloire Emmanuel Ndongala

A mon épouse

Nous sommes à quelques années vers l'éternité,

maintenant nous changeons de vitesse ensemble,

Les tempêtes nous avons traversées, peu importe le

temps (ou climat), nous avons noués le noeud, et nous

ne sommes pas près de nous arrêter.

Le sommet, nous allons l'atteindre si nous nous tenons

debout sur le Rocher,

Je n'ai pas honte de Son nom, Il nous couvre.

Mais il est la clé et à travers lui nous voyons que nous

sommes censés être toi et moi.

C'est en Lui nous avons la vie, et notre être, tu fais

partie de moi comme un souvenir.

Dans mes pensées, comme la vie et le temps, j'ai

mémorisé tes yeux et j'ai découvert que le plus grand

prix c'est toi à mes côtés.

Tu es ma monture pour qui mourir ; tout n'a pas été

merveilleux, mais ce que Dieu a mis ensemble, que

personne ne sépare.

La vérité est que, lorsque Dieu parle, certains

entendent des anges,

D'autres entendent le tonnerre, cependant nous

choisissons de nous asseoir en dessous,

et nous tenir vraiment debout; « comprends ». Nous ne

craindrons plus l'homme, surtout lorsque l'ignorance

bat le record.

Personne ne veut d'instruction ; vaste est le chemin de

la destruction, je ne dis pas que nous sommes parfaits,

Dieu sait que nous sommes encore en plein

construction.

Les routes sont encore en train d'être pavées, par la

grâce et la foi nous avons été sauvés,

Au milieu des tragédies du monde, quel héritage est-ce

que notre amour est-il censé laisser ?

L'unité en dépit des épreuves prouve au monde qu'il y

a un Dieu en toi et moi,

Dieu dit qu'il le désire afin que nos enfants deviennent

pieux,

Notre amour est comme lorsque l'on sème en

profondeur, la mort survient et puis ça pousse.

C'est ce qui arrive lorsque nous prenons notre Bible et

nous vivons comme si c'était plus qu'un simple récital.

La chair peut mourir, mais notre amour ne sera jamais

inactif.

Table de Matières

Précipice du Temps

C'est donc ici où nous sommes, au bord du précipice

du temps, le regard fixé sur les étoiles.

Comment est-ce que les choses vont-elles se dérouler

? Il ne vient pas, nous dit-on. Serons-nous tous laissés

dans l'obscurité, ou certains voient-ils ce qui nous

attend ?

Prendras-tu la marque ou tu choisiras Jésus ?

Le temps, comme la lumière du soleil, un jour

disparaitra ; comme lorsque nous dormons, et que nous

devons éventuellement nous réveiller.

L'horloge avance Tic-Tac, un jour les portes du ciel

seront se fermer, parle ! parle !

L'humanité est tombée plus bas que la lave !

Ils se sont retrouvés marchant (tout droit) vers l'enfer,

Jésus qui est la source de l'éternité est bel et bien,

amoureux de nous, Il est tombé et a

libéré l'humanité de la prison de la mort,

Maintenant pour échapper au lac de feu, être connu de

Jésus c'est tout ce qu'il faut, fait-le avant que le temps

ne s'arrête, les tremblements de terre et les morts ne

se réveillent,

Avant que les montagnes se fracasse, que nous

voyions l'échelle de Jacob, et que nous rencontrions le

créateur,

Avant que l'inconnu soit connu et que beaucoup

récoltent ce qu'ils ont semé,

Avant !

Avant qu'il y ait plus et que nous retrouvions la lumière

que nous portions autrefois,

Le paradis n'a qu'un seul chemin, la personne doit Le

choisir et rejeter le péché,

Regarde les signes, ne voit-tu pas que tout a été fait

par Celui qui créé tout, l'univers s'aligne, en

commençant par des planètes qui tournent, aux étoiles

qui brillent, la précision pointe vers l'Unique Divin,

Fais-tu partie de sa vigne ? Est-ce qu'un jour Il te dira :

« Tu es à moi » ? Nous sommes à la limite du temps,

certains vont tomber, d'autres vont monter,

C'est le précipice, soit une douleur éternelle, une

agonie et une agitation, ou bien soit l'amour, le gain et

l'accomplissement dans la présence de Dieu.

Chapitre 1

Les Signes et Les Saisons

Certains écrivains et sages juifs croient que le livre de la Genèse détient la clé de beaucoup des mystères de Dieu. Aujourd'hui encore, certains croient que le premier chapitre de la Genèse est le fondement de toutes les Écritures. Il est donc approprié que le mot « genèse » commence par « gène », car dans nos gènes nous trouvons notre ADN, qui détient tous les mystères de ce que nous sommes et ce que nous serons.

Tout comme le décodage de l'ADN nous montre ce à quoi un individu peut s'attendre au cours de sa vie, le décodage du livre de la Genèse nous révèle ce qui est à venir. Lorsque Dieu a créé la terre, il connaissait déjà l'avenir et ce qui allait se passer. Dans Genèse 1 :14, nous lisons : *« Puis Dieu dit : Que, dans l'étendue du ciel, il y ait des luminaires pour distinguer le jour de la nuit, et pour qu'ils marquent les saisons, les jours et les années. »* (La Bible du Semeur, BDS).

Pourquoi des signes ? Que signifie vraiment ce mot ? Il y a-t-il plus au ~~Le~~ mot « Saisons » ? Examinons plus en profondeur la signification de ces mots en Hébreu (La langue originale du livre de Genèse).

En hébreu, le mot « *signe* » c'est אות *Oth*, et selon le Brown-Driver-Briggs Lexicon, il signifie un signal, une évidence (preuve) ou une marque[1]. Le mot « *saison* », au pluriel en Hébreu c'est le mot מֹעֲדִים *moedim*. Au singulier, il s'agirait de מוֹעֵד *moed*, qui signifie un temps fixe, une saison, un signal, un moment désigné ou une fête.

Lorsque on met ces mots ensemble, nous pouvons voir que Dieu a créé les étoiles et les planètes dans les cieux pour servir d'horloge (montre). Ils doivent être un signe, un avertissement, un flambeau qui signifie que nous nous rapprochons de la fin. La question est de

---

1. Brown, Francis, S R Driver, Charles A Briggs, Edward Robinson, James, Strong, and Wilhelm Gesenius. 2015. [Lexique hébreu et anglais de Brown, Driver et Briggs : Avec un appendice contenant l'araméen biblique : codé avec le système de numérotation de la concordance exhaustive de la Bible de Strong]. Peabody, Mass: Hendrickson Publishers.

savoir si nous avons prêté attention aux signes et saisons.

Le mot « saisons » ne signifie pas seulement un moment où le temps change. Il signifie également qu'il est lié aux fêtes établies par Dieu. Ces fêtes sont particulières en ce qu'elles sont des saintes convocations (ou rassemblements sacrés).

Ces convocations sont toutefois symboliques, car elles sont une forme de préparation pour ce qui doit arriver. Elles fonctionnent comme des répétitions (ou essai) vestimentaire qui se passe avant une cérémonie de mariage. En d'autres termes, chaque fois que ces fêtes avaient lieu, elles étaient censées être un signal, un rappel, un signe pour nous qu'un jour Dieu lui-même se réunirait avec nous.

Chapitre 2

Lévitique 23 : La Répétition

L'Ancien Testament compte de nombreux personnages dont la vie préfigure le Christ. Cependant, peu d'entre eux l'ont préfiguré plus que Moïse. Dans sa dernière série d'instructions aux Israélites, Moïse déclara,

> « *L'Eternel, ton Dieu, fera surgir pour toi et du milieu de toi, parmi tes frères, un prophète comme moi : c'est lui que vous devrez écouter. Il répondra ainsi à la demande que tu as faite à l'Eternel, ton Dieu, à Horeb, le jour de l'assemblée. Tu disais : 'Je ne veux plus entendre la voix de l'Eternel, mon Dieu, ni voir ce grand feu, afin de ne pas mourir.' L'Eternel m'a dit : 'Ce qu'ils ont dit est bien. Je ferai surgir pour eux, du milieu de leurs frères, un prophète comme toi. Je mettrai mes paroles dans sa bouche et il leur dira tout ce que je lui ordonnerai. *Si quelqu'un n'écoute pas mes paroles, celles qu'il dira en mon nom, c'est moi qui lui en demanderai compte.* » (Deutéronome 18 :15-19).

Dans ce passage, Dieu, par l'intermédiaire de Moïse, parle d'une personne spécifique qui sera élevée du milieu du peuple. Cette personne serait comme Moïse, un médiateur et un porte-parole de Dieu.

Jésus est l'accomplissement de cette prophétie. Il a été élevé du milieu des enfants d'Israël et il était la Parole de Dieu manifestée (Jean 1 :1 ; Hébreux 2 :14). Même l'auteur de l'épitre aux Hébreux a comparé le ministère de Jésus à celui de Moïse (Hébreux 3 :1-6 ; Hébreux 7). Jean a également comparé Moïse à Jésus lorsqu'il déclara :

> *« En effet, la loi a été donnée à travers Moïse, mais la grâce et la vérité sont venues à travers Jésus-Christ. Personne n'a jamais vu Dieu ; Dieu le Fils unique, qui est dans l'intimité du Père, est celui qui l'a fait connaître. » (Jean 1 : 17-18 S21).*

Moïse, dans l'Ancien Testament représente un type du Christ. C'est quelqu'un qui est préfigure le Christ mais n'est pas le Christ. De nombreux écrits de Moïse se rapportent au ministère du Christ, et en particulier ce qu'il a écrit dans le livre du Lévitique.

Par conséquent, le livre du Lévitique est essentiel si quelqu'un veut savoir qui est le Christ et ce qu'Il est venu faire. Les cérémonies, les lois, les sacrifices, les vêtements, le sacerdoce - presque tous les chapitres du livre du Lévitique pointent vers le Christ (pour plus de détails à ce sujet, lisez l'épitre aux Hébreux). C'est dans le livre du Lévitique que nous trouvons les sept fêtes que Dieu a établies.

Au chapitre 23 du livre du Lévitique, Dieu par l'intermédiaire de Moïse a parlé des sept fêtes qui seraient établies comme un signe pour toujours. Au verset 2, il dit : *« Transmets ces instructions aux Israélites : Les fêtes de l'Eternel que vous proclamerez seront de saintes assemblées. »* (Lévitique 23 : 2 S21). Ici, nous trouvons à nouveau le mot *moedim* מֹועֲדִים (fêtes), dont nous avons vu qu'était également traduit dans Genèse 1 :14 comme étant « *saison* ».

Ces fêtes marquaient le début et la fin de quelque chose, tout comme les font les *saisons*. Comme les saisons sont fixes et inchangeables, ces fêtes l'étaient aussi. Comme nous nous préparons différemment pour chaque saison, le peuple de Dieu, étaient ordonnés de se préparer à chaque fête en conséquence.

À quoi se préparaient-ils ? À rencontrer un jour Dieu et être avec Lui. Ces fêtes pointaient (ou faisaient référence) à la venue, à la résurrection et au retour de Jésus-Christ.

Ces fêtes étaient divisées en deux catégories. Il y a les fêtes de Printemps, qui comprennent la fête de la Pâque, la fête des Pains sans Levain, la fête des Prémices et la fête de la Pentecôte. Elles sont suivies d'un intervalle de trois mois durant l'été, la période pendant laquelle les fruits vont mûrir. Ensuite, il y a les fêtes d'Automne : la fête des Trompettes, des Expiations, et des Tabernacles.

LES FÊTES DE PRINTEMPS

Chapitre 3

Le Christ dans la Pâques

Avant d'entrer dans les détails des sept fêtes, le Seigneur donne d'abord des instructions sur le Sabbat שַׁבָּת. Bien que ce ne soit pas saisonnier en soi, c'était continuel, et ceci montre (ou reflète) la fin également (je vais développer cela un plus tard dans le livre).

Après les instructions sur le sabbat, le Seigneur déclara : « *Voici les fêtes de l'Eternel, les saintes assemblées que vous proclamerez à la date fixée pour elles. Le quatorzième jour du premier mois, au coucher du soleil, ce sera la Pâque de l'Eternel.* » (Lévitique 23 :4-5 S21). Étant donné que le calendrier Juif utilise un système luni-solaire, où les mois sont comptés en fonction du cycle de la lune et les années en fonction du cycle solaire, les fêtes changent légèrement chaque année. Dans le calendrier Grégorien (le système de calendrier du monde Occidental), la fête de la Pâque tomberait entre fin mars et mi-Avril.

La fête de la Pâque (Pesach פֶּסַח הָעַרְבָּיִם) a commencé dans l'Exode 12, avant que Dieu n'envoie la dernière plaie en Égypte.

Nous lisons ceci à propos de la Pâque,

« L'Eternel dit à Moïse et à Aaron en Egypte : « Ce mois-ci sera pour vous le premier des mois, vous le considérerez comme le premier des mois de l'année. Transmettez ces instructions à toute l'assemblée d'Israël : Le dixième jour de ce mois, on prendra un agneau pour chaque famille, un agneau pour chaque maison. Si la maison est trop peu nombreuse pour un agneau, on le partagera avec le plus proche voisin, en fonction du nombre de personnes. Vous estimerez le nombre de personnes pour l'agneau d'après la part que chacun peut manger. Ce sera un agneau sans défaut, mâle, âgé d'un an. Vous pourrez prendre un agneau ou un chevreau. Vous le garderez jusqu'au quatorzième jour de ce mois, où toute l'assemblée d'Israël le sacrifiera au coucher du soleil.

On prendra de son sang et on en mettra sur les deux poteaux et sur le linteau de la porte des maisons où on le mangera. Cette même nuit, on mangera sa viande rôtie au feu ; on la mangera avec des pains sans levain et des herbes amères. Vous ne le mangerez pas à moitié cuit et bouilli dans l'eau ; au contraire, il sera rôti au feu avec la tête, les pattes et l'intérieur. Vous n'en laisserez rien pour le matin ; si toutefois il en reste quelque chose le matin, vous le brûlerez au feu. Quand vous le mangerez, vous aurez une ceinture à la taille, vos sandales aux pieds et votre bâton à la main. Vous le mangerez rapidement. C'est la Pâque de l'Eternel.
Cette nuit-là, je parcourrai l'Egypte et je tuerai tous les premiers-nés du pays, hommes ou animaux. Je mettrai ainsi à exécution mes

jugements contre tous les dieux de l'Egypte. Je suis l'Eternel. Pour vous en revanche, le sang servira de signe sur les maisons où vous vous trouverez : je verrai le sang et je passerai par-dessus vous. Il n'y aura pas de fléau qui vous détruise quand je frapperai l'Egypte (Exode 12 : 1-13, S21).

La fête de la Pâque était une commémoration de ce que Dieu a fait pour les enfants d'Israël et cette fête pointe aussi vers l'avenir, quand Dieu lui-même serait leur agneau pascal. Jean, dans son Évangile, nous donne un moment précis où cette rencontre entre Dieu et l'homme a eu lieu. Jésus a vécu (ou devrais-je dire, a célébré) plusieurs Pâques au cours de sa vie ici sur terre, mais celle que Jean mentionne est l'accomplissement des moedim מוֹעֲדִים.

Jean commence la dernière semaine de la vie de Jésus par ce que l'on appelle l'« *Entrée triomphale.* » Pendant cette période, Jésus entre humblement à Jérusalem sur un âne, accomplissant les paroles prophétiques de Zacharie.

*« Réjouis-toi, fille de Sion ! Lance des acclamations, fille de Jérusalem ! *Voici ton roi qui vient à toi ; il est juste et victorieux, il est humble et monté sur un âne, sur un ânon, le petit d'une ânesse. » (Zacharie 9 : 9 S21).*

Au-delà de l'accomplissement de la proclamation prophétique de Zacharie, ce moment était ce pour quoi les enfants d'Israël avaient répété. Pendant près de 1 600 ans, ils avaient pris un agneau, l'avaient fait entrer dans leur maison pendant quatre jours, puis l' égorgé. De même, Jésus, en tant qu'agneau de Dieu (Jean 1 :29), a été emmené à Jérusalem par les enfants d'Israël pendant quatre jours, puis crucifié sur la croix pour les péchés du monde.

Tout comme le sang sur les seuils de porte empêchait l'esprit de mort d'entrer, le sang de Jésus nous délivre du pouvoir de la mort et du péché et permet à ceux qui demeurent sous le sang de Jésus de pouvoir vivre dans l'éternité avec Dieu. Paul, en parlant de ce triomphe pour les croyants, écrit,

> « Lorsque ce corps corruptible aura revêtu l'incorruptibilité et que ce corps mortel aura revêtu l'immortalité, alors s'accomplira cette parole de l'Ecriture : La mort a été engloutie dans la victoire. Mort, où est ton aiguillon ? Enfer, où est ta victoire ? L'aiguillon de la mort, c'est le péché ; et ce qui donne sa puissance au péché, c'est la loi. Mais que Dieu soit remercié, lui qui nous donne la victoire par notre Seigneur Jésus-Christ ! » (1 Corinthiens 15 : 54-57 S21).

Pendant la fête de Pâque, les enfants d'Israël mangeaient également des pains sans levain. Ceci est significatif car à de nombreuses reprises, Jésus s'est comparé au pain. Même son lieu de naissance, Bethléem (בֵּית לֶחֶם), signifie « *maison du pain* ».

En répondant à une foule qui comparait son ministère à celui de Moïse, Jésus dit un jour : « *C'est moi qui suis le pain de la vie. Celui qui vient à moi n'aura jamais faim et celui qui croit en moi n'aura jamais soif* » (Jean 6 :35). En disant cela, il indiquait à la foule qu'elle devait le considérer de la même manière qu'elle considérait le pain ou l'eau dans leurs vies de tous les jours. Tout comme le pain et l'eau sont essentiels à la survie d'une personne, Jésus est essentiel à la destination éternelle de l'humanité.

Lors de la dernière Pâque avant sa mort, Jésus s'assura que les enfants d'Israël comprenaient ce pour quoi ils avaient répété. La Bible dit : « *Ensuite il prit du pain et, après avoir remercié Dieu, il le rompit et le leur donna en disant : « Ceci est mon corps qui est donné pour vous. Faites ceci en souvenir de moi. »* » (Luc 22 :19 S21). Le pain qu'Il prit était le pain sans levain.

Enfin, Jésus s'est directement lié au pain sans levain lorsqu'il le prit et le rompit. Il montra aux disciples que, de la même manière qu'il vint de rompre le pain, son corps devait être rompu sur la croix pour le monde. Le pain sans levain est donc incroyablement significatif en ce qui concerne le ministère de Jésus.

Chapitre 4

Le Pain sans Levain et Jésus-Christ

La fête suivante sur la liste c'est la fête des Pains sans Levain (*Chag HaMatzot* חַג הַמַּצּוֹת). La fête des pains sans levain, dans notre calendrier moderne, serait célébrée entre fin mars et mi-avril.

> « *Et le quinzième jour de ce mois, ce sera la fête des pains sans levain en l'honneur de l'Eternel. Vous mangerez pendant 7 jours des pains sans levain. Le premier jour, vous aurez une sainte assemblée ; vous n'effectuerez aucun travail pénible. Pendant 7 jours, vous offrirez à l'Eternel des sacrifices passés par le feu. Le septième jour, il y aura une sainte assemblée ; vous n'effectuerez aucun travail pénible.* » (Lévitique 23 :6-8 S21).

Lorsque les enfants d'Israël sont sortis d'Égypte, Dieu leur dit par l'intermédiaire de Moïse qu'ils devaient faire du pain sans levain et le manger avec des herbes amères. Le pain devait être fait sans levain en guise du fait que les Israélites devaient quitter l'Égypte rapidement. Il devait également symboliser pour eux que la vie d'esclavagisme était amère, mais que Dieu les avait délivrés afin qu'ils puissent être mis à part pour Lui (Exode 12 : 8-11).

Paul, dans sa première lettre à l'église de Corinthe, utilisa la fête des Pains sans Levain pour expliquer à l'église qu'elle devait être comme les Pains sans Levain. Il était consterné par la réponse passive de l'église de Corinthe face au péché sexuel dans leur église (l'un de leurs membres avait une relation avec la femme de son père) (1 Corinthiens 5 :1-6). Il s'attaqua à ce problème en déclarant,

> « Purifiez-vous [donc] du vieux levain afin d'être une pâte nouvelle, puisque vous êtes sans levain. En effet, Christ, notre agneau pascal, a été sacrifié [pour nous]. Célébrons donc la fête, non avec du vieux levain, le levain du mal et de la méchanceté, mais avec les pains sans levain de la pureté et de la vérité. » (1 Corinthiens 5 :7-8 S21).

Paul a expliqué clairement ce que représentait le vieux levain, à savoir la nature pécheresse de l'homme. L'affirmation « purifiez-vous du vieux levain » correspond aux instructions données par Moïse. Moïse dit au peuple,

> « Souvenez-vous de ce jour où vous êtes sortis d'Egypte, de la maison d'esclavage. En effet, c'est par sa main puissante que l'Eternel vous en a fait sortir. On ne mangera pas de pain levé. On mangera des pains sans levain pendant les 7 jours. On ne verra pas

chez toi de pain levé ni de levain, sur tout ton territoire. » (Exode 13 :3,7 S21).

Lorsque la fête des Pains sans Levain était célébrée dans l'Ancien Testament, il y avait un nettoyage total du levain dans chaque maison et chaque ville pendant cette fête.

De même, Jésus symbolisa le levain lorsqu'il est devenu péché pour nous. *« [En effet,] celui qui n'a pas connu le péché, il l'a fait devenir péché pour nous afin qu'en lui nous devenions justice de Dieu. »* (2 Corinthiens 5 :21 S21). De même que le levain devait être éliminé dans les maisons du peuple de Dieu, de même Jésus a été crucifié en dehors de la ville (Hébreux 13 :12).

De la même manière que la fête des Pains sans Levain célébrait la libération de l'esclavagisme, la mort de Jésus signifiait la délivrance du péché et de celui qui détenait le pouvoir de la mort,

> *« Puisque ces enfants ont en commun la condition humaine, lui-même l'a aussi partagée, de façon similaire. Ainsi, par sa mort, il a pu rendre impuissant celui qui exerçait le pouvoir de la mort, c'est-à-dire le diable, et libérer tous ceux que la peur de la mort retenait leur vie durant dans l'esclavage. »* (Hébreux 2 : 14-15 S21)

Lorsque nous acceptons que Jésus est mort sur la croix pour nous et qu'il est ressuscité, cela nous amène à être mis à part, à être saints (1 Pierre 2 :9 ; 1 Corinthiens 6 :11). Paul compare magnifiquement le fait d'être mis à part avec le pain sans levain lorsqu'il déclare : *« Purifiez-vous [donc] du vieux levain afin d'être une pâte nouvelle, puisque vous êtes sans levain. En effet, Christ, notre agneau pascal, a été sacrifié [pour nous]. »* (1 Corinthiens 5 :7 S21). En effet, par le Christ, nous pouvons être comme les pains sans levain, un peuple libéré de la corruption du péché, délivré du pouvoir de la mort, et qui est entré dans le repos de Dieu.

Chapitre 5

Jésus et le Sabbat

Les fêtes n'étaient pas les seules périodes (ou moments) qui préfigurées le Christ. Chaque septième jour de la semaine, les enfants d'Israël avaient reçu l'ordre de se reposer. Ce repos est connu sous le nom de *Sabbat*, et il préfigurait également la première venue du Christ et son retour futur. Par conséquent, je crois que Jésus a été enterré durant deux Sabbats consécutifs.

Pour comprendre le moment (ou période) de l'enterrement de Jésus, il faut éclaircir l'histoire biblique de l'enterrement et de la résurrection de Jésus-Christ. De nombreux auteurs (écrivains) s'accordent à dire que, selon le calendrier hébraïque, Jésus est mort le 14 Nisan, ce qui dans notre calendrier, correspondrait au 10 Avril. Cependant, le jour réel de la semaine où Il est mort est sujet de beaucoup de contestation. Pendant que nous essayons de voir en profondeur l'histoire, voyons si nous pouvons déterminer le jour exact[2].

Jean déclara,

« C'était la préparation de la Pâque et ce sabbat allait être un jour solennel. Craignant que les corps ne restent en croix pendant le sabbat, les Juifs demandèrent à Pilate qu'on brise les jambes aux crucifiés et qu'on enlève les corps. » (Jean 19 :31 S21).

Selon ce passage, le jour où Jésus fut crucifié était également connu comme le *« jour des préparatifs (ou de la préparation) »*, ce qui signifie qu'ils se préparaient pour le premier jour de la fête des Pains sans Levain. Puisque le premier jour de la fête des Pains sans Levain avait été ordonné par Dieu d'être un Sabbat, ils devaient faire descendre Jésus et les deux voleurs de la croix avant la fin de la journée.

On doit comprendre comment est-ce les juifs calculaient un jour pour comprendre pourquoi est-ce qu'ils voulaient faire descendre les corps vers 15 heures. Dans le livre de Genèse, Moise a écrit à propos de comment est-ce que les enfants d'Israël doivent considérés un jour : « Il y eut un soir et il y eut un matin. Ce fut le premier jour" (Genèse 1 :5 SG21). Pour le reste

---

2. Anderson, Robert. 2016. The Coming Prince. [Le Prince qui vient.] First Rate Publishers.

du monde, un nouveau jour commence le matin (à minuit) ; cependant, d'après Genèse 1, le soir c'est le début de la journée pour les juifs. Alors, les corps de Jésus et les voleurs devraient être descendus de la croix avant le Sabbat, le premier jour de la fête des Pains sans Levain qui commençait ce soir-là.

Quand Jésus parle de combien de temps il allait être enterré, il a dit : *"En effet, de même que Jonas fut trois jours et trois nuits dans le ventre d'un grand poisson, de même le Fils de l'homme sera trois jours et trois nuits dans la terre"* (Matthieu 12 :40 SG21). Sur base de ce que Jésus a dit à propos de Jonas et lui-même, on peut conclure que lorsqu'Il meurt, Jésus doit être dans son tombeau trois jours et trois nuits.

Marc a écrit que Jésus est mort à 15 heures (Neuf heures du matin, Marc 15 :25). Ceci veut dire qu'il est mort le 14 du mois de Nisan vers la fin de la journée. La fête des Pains sans Levain aurait dû commencer le soir après que Jésus soit mort. La Bible nous dit qu'au début (le premier jour) de la fête de Pains sans Levain, personne ne doit travailler parce que c'était considéré comme *un Sabbat* (Lévitique 23 :6-8). Ceci explique pourquoi les femmes n'ont pas pu embaumées la corp de Jésus ce soir la parce que c'était contre la loi juive pour eux de travailler le jour du Sabbat.

Comme les femmes ne pouvaient pas embaumer Jésus ce soir-là, elles ont attendues jusqu'à ce que le Sabbat eût pris fin pour aller oindre Jésus le jour où il est ressuscité des morts.

> « Lorsque le sabbat fut passé, Marie de Magdala, Marie la mère de Jacques et Salomé achetèrent des aromates afin d'aller embaumer Jésus. Le dimanche, elles se rendirent au tombeau de grand matin, au lever du soleil. » (Marc 16 :1-2)

Si nous comprenons bien, cela signifie que les femmes ont attendues trois jours avant d'oindre Jésus.

En arrivant au tombeau, elles furent accueillies par un tombeau vide et des êtres angéliques qui leur dirent. « [...] ' « N'ayez pas peur. Vous cherchez Jésus de Nazareth, celui qui a été crucifié. Il est ressuscité, il n'est pas ici ! Voici l'endroit où on l'avait déposé. » (Marc 16 : 6). Si Jésus est mort un mercredi comme certains le croient, pourquoi alors ne sont-ils pas venus le vendredi pour mettre des épices sur son corps ? D'autre part, certains croient qu'il est mort le vendredi, mais si cela est vrai, il n'aurait pas pu ressusciter des morts le dimanche, car cela ne ferait pas trois jours et trois nuits. Pour comprendre clairement ce qui s'est passé, nous devons d'abord comprendre le sabbat.

Plus tôt, j'ai parlé du Sabbat et du fait que, même s'il n'était pas une fête, il préfigurait le Christ. L'auteur de l'épitre aux hébreux déclare : « *Il reste donc un repos de sabbat pour le peuple de Dieu. En effet, celui qui entre dans le repos de Dieu se repose lui aussi de son activité, tout comme Dieu s'est reposé de la sienne.* » (Hébreux 4 :9-10 S21). Par Jésus, nous entrons dans ce repos du Sabbat car Il est devenu notre Sabbat.

Jésus explique ce concept même d'être comme le Sabbat lorsqu'il s'adresse aux Pharisiens. Un jour, alors que Jésus et ses disciples se promenaient dans un champ le jour du Sabbat, ses disciples ont eu faim et ont commencé à cueillir des épis (de blé) et à les manger (Deutéronome 23 :25).

Les Pharisiens n'étaient pas contents et pensaient que les disciples de Jésus violaient la loi du Sabbat. À leurs yeux, les disciples ne respectaient pas Exode 34 :21. Ce verset stipule que pendant le Sabbat, une personne n'était pas censée récolter du blé. Cependant, comparer le fait de cueillir du blé pour le manger et le fait de labourer pour en tirer un revenu relève de l'imagination. Jésus, en étant conscient de leur religiosité, leur donna une réponse qui les renvoya aux écritures, laquelle les ramena vers Lui. Il dit :

> « [...] « N'avez-vous pas lu ce qu'a fait David lorsqu'il a eu faim, lui et ses compagnons ? Il est entré dans la maison de Dieu et a mangé les pains consacrés que ni lui ni ses compagnons n'avaient le droit de manger et qui étaient réservés aux prêtres seuls ! Ou n'avez-vous pas lu dans la loi que, les jours de sabbat, les prêtres violent le sabbat dans le temple sans se rendre coupables ? Or, je vous le dis, il y a ici plus grand que le temple » (Matthieu 12, 3-6).

Examinons soigneusement ce verset pour en découvrir la véritable signification. D'abord, Jésus déclare :

> « N'avez-vous pas lu ce qu'a fait David lorsqu'il a eu faim, lui et ses compagnons ? Il est entré dans la maison de Dieu et a mangé les pains consacrés que ni lui ni ses compagnons n'avaient le droit de manger et qui étaient réservés aux prêtres seuls !» (Matthieu 12 :3-4).

Jésus raconte l'histoire de David décrite dans 1 Samuel 21 :1-9. *David* et ses hommes, fatigués d'avoir fui le roi *Saül*, se rendirent à Nob chez le prêtre *Achimélec*. À leur arrivée, *Achimélec* sorta à la rencontre de *David*, tremblant, car il craignait pour sa vie. Mais David lui dit quelque chose qui dissout sa peur. *David* dit au prêtre *Achimélec* :

« Le roi m'a donné un ordre et m'a dit : 'Que personne ne sache rien de l'affaire pour laquelle je t'envoie ni de l'ordre que je t'ai donné.' J'ai fixé un rendez-vous à mes hommes. » (1 Samuel 21 :3 S21).

Par la suite, David demanda de la nourriture et la seule chose qu'Achimélec avait était du pain de la présence de Dieu que seul le prêtre pouvait manger. Sachant cela, pourquoi alors Jésus a-t-il utilisé cet exemple pour justifier les actions des disciples ?

L'Écriture ne dit nulle part qu'il est interdit de cueillir du grain pour le manger le jour du Sabbat. C'est une chose que les Pharisiens ont ajoutée aux paroles de Dieu, s'élevant ainsi au rang de seigneurs du Sabbat. Mais cela ne rend pas pour autant la comparaison entre la situation de David et les actions de ses disciples équivalentes. Il doit y avoir quelque chose d'autre dans les écritures qui a permis à David de pouvoir manger le pain de la présence de Dieu.

Je crois que David pouvait manger le pain de la présence de Dieu *parce que Dieu se soucie davantage des gens qui souffrent, qui ont besoin, que de quelqu'un qui suit une partie des (statuts) à la lettre.* Car il n'y a pas de loi plus grande que d'aimer Dieu et son prochain comme soi-même (Luc 10 :26-28). Le Prêtre *Achimélec* avait un niveau d'autorité pour décider scripturairement si certaines circonstances pouvaient être annulées en raison des plus grands commandements, tels que l'amour, la miséricorde, la bonté, la justice pour ceux qui souffrent (Michée 6 :8). Par conséquent, Jésus, en tant que prêtre de l'ordre de Melchisédech, une lignée sacerdotale plus élevée que celle d'Aaron, pouvait également choisir la miséricorde plutôt que le sacrifice (Hébreux 5 :1-8). En effet, c'est là le cœur de Dieu car dans cette situation, la miséricorde triomphe sur le jugement (Jacques 2 :13).

Poursuivant, Jésus dit : « *Ou n'avez-vous pas lu dans la loi que, les jours de sabbat, les prêtres violent le sabbat dans le temple sans se rendre coupables ? Or, je vous le dis, il y a ici plus grand que le temple* » (*Matthieu 12 :5-6).* Cette déclaration renvoie à nouveau les pharisiens à la Parole de Dieu. Selon la Bible, les prêtres du temple travaillaient le jour du sabbat.

Les prêtres accomplissaient encore les sacrifices qui devaient être faits dans le temple pendant le sabbat (Nombres 28 :9,10 ; Ezéchiel 46 :4,5). Cependant, ils restaient sans culpabilité parce qu'ils étaient dans le temple. Ce point est donc l'assimilation de ce que Jésus essayait de communiquer, à savoir que ceux qui sont en

Lui sont libérés des exigences de la Loi parce qu'Il est l'accomplissement de la Loi. « *En effet, le Fils de l'homme est le Seigneur du sabbat.* » *(Matthieu 12 :8).*

Cependant, cela ne signifie pas que Jésus est venu abolir la Loi de Dieu (Matthieu 5 :17). Nous devons toujours observer le Sabbat, mais il n'est plus basé sur un jour, mais sur la conduite du Saint-Esprit, car Jésus est devenu notre repos. En conséquence, Paul déclara :

> « *Que personne donc ne vous juge au sujet du manger ou du boire, ou à propos d'une fête, d'un nouveau mois ou du sabbat : tout cela n'était que l'ombre des choses à venir, mais la réalité est en Christ.* » *(Colossiens 2 :16-17 S21).*

Quel est le rapport entre toutes ces informations (ou cette connaissances) et Jésus dans le tombeau ? Tout comme les fêtes étaient une répétition de la réalité, la célébration du Sabbat l'était aussi.

Jésus est mort avant les fondations du monde (1 Pierre 1 :2 ; Apocalypse 13 :8). Cela ne signifie pas qu'Il est mort physiquement, mais plutôt que Dieu avait déjà mis le plan en marche avant même qu'Adam et Ève aient péché. Par conséquent, outre le fait que Dieu s'est reposé, le Sabbat était également une proclamation prophétique qui préfigurait le jour où Jésus serait dans le tombeau et une représentation du repos ultime auquel nous entrerions finalement par Lui.

Puisque le Sabbat pointe vers Jésus, je crois que Jésus était au cœur de la terre pendant deux Sabbats consécutifs. Cependant, il est difficile d'être certain de la façon de compter les jours et les nuits où Jésus était dans le tombeau. En effet, dans certains cas, l'Écriture déclare que Jésus ressusciterait après trois jours ou *après trois jours et trois nuits* (Marc 8 :31 ; Matthieu 12 :40). Dans d'autres cas encore, il est dit *qu'Il ressuscitera le troisième jour* (Matthieu 17 :23 ; Marc 9 :31 ; Luc 9 :22).

Cela peut sembler très déroutant et presque comme une contradiction. Heureusement, de nombreux écrivains ont effectués un travail approfondi sur le sujet et nous ont donné une bonne compréhension de la question. La raison pour laquelle les auteurs du Nouveau Testament ont parfois indiqués « *trois jours et trois nuits* » et d'autres fois « *après trois jours* » ou « *le troisième jour* » réside dans l'interprétation culturelle de ces deux expressions.

Lorsqu'on lit Genèse 42 :17-18, 1 Samuel 30 :12-13, Esther 4 :16 ; 5 :1, et 2 Chroniques 10, on remarque

que les expressions *après trois jours, après trois jours et trois nuits et le troisième jour* sont utilisées de manière interchangeable (parfois l'une à la place de l'autre). « Ainsi, aussi bizarre que cela puisse paraître... vivant au 21e siècle, une personne de l'Antiquité pouvait légitimement parler d'un événement qui se produisait *« le troisième jour », « après trois jours »* ou *« après trois jours et trois nuits »*, tout en faisant référence au même jour exact »[3]. Avec cette compréhension étant établie, déchiffrons maintenant quand Jésus est mort et ressusciter.

À l'époque de Jésus, une partie de la journée était considérée comme la même que la journée entière. Ainsi, le jeudi vers 15 heures, lorsque Jésus est mort, aurait pu être le premier jour où il était dans le tombeau. Étant donné que le peuple Juif considérait qu'un jour allait du soir au soir, le jeudi soir suivant la mort de Jésus, jusqu'au vendredi soir le jour suivant, aurait été le premier jour de la fête des pains sans levain. C'était un

---

3. Did Jesus Rise 'On' or 'After' the Third Day ?" [Jésus est-il ressuscité "le" ou "après" le troisième jour ?"] n.d. Www.apologeticspress.org. Consulté le 18 juin 2021. https://www.apologeticspress.org/APContent.aspx?&article =756

Sabbat très saint, et peut-être le deuxième jour et la première nuit où Jésus était dans le tombeau.

Du vendredi soir au samedi soir, ce serait le Sabbat ordinaire (Marc 16) et, de façon crédible, le troisième jour et la deuxième nuit où Jésus était dans le tombeau. Enfin, du samedi soir au dimanche matin, il pourrait s'agir de la troisième et dernière nuit où Jésus était dans le tombeau. Pour le peuple Juif, une nuit commençait lorsque le soleil se couchait et se terminait après le lever du soleil. Jésus serait donc ressuscité le dimanche matin alors que la nuit s'achevait.

Marie-Madeleine, Marie-mère de Jacques et Salomé ont probablement acheté les épices le samedi après la fin du Sabbat, au coucher du soleil. Comme il faisait nuit, elles ne pouvaient pas, à cause des voleurs, des animaux sauvages et du manque de lumière, aller au tombeau pour oindre Jésus. Au lieu de cela, elles se seraient rendues au tombeau le dimanche matin du troisième jour. Le dimanche matin de la résurrection de Jésus était aussi la fête des Prémices, le seul jour où les femmes pouvaient légalement et en toute sécurité oindre Jésus et lui mettre les aromates.

Chapitre 6

Jésus et la fête des Prémices

Après la fête des Pains sans Levain, Dieu a parlé à Moïse de la fête des Prémices (*Ḥag ha-Bikkurim ou Yom Ha-Bikkurim* הַבִּכּוּרִים). La fête des Prémices était célébrée en un seul jour. Dans notre calendrier moderne, cette fête est généralement célébrée vers fin mars et parfois un peu après mi-avril.

« L'Eternel dit à Moïse : « Transmets ces instructions aux Israélites : Quand vous serez entrés dans le pays que je vous donne et que vous y ferez la moisson, vous apporterez au prêtre la première gerbe de votre moisson. Il fera avec la gerbe le geste de présentation devant l'Eternel afin qu'elle soit acceptée, il fera le geste de présentation le lendemain du sabbat. Le jour où vous présenterez la gerbe, vous offrirez en holocauste à l'Eternel un agneau d'un an sans défaut. Vous y joindrez une offrande de 4 litres et demi de fleur de farine pétrie à l'huile, comme offrande passée par le feu dont l'odeur est agréable à l'Eternel, et vous ferez une offrande d'un litre de vin. Vous ne mangerez ni pain, ni épis rôtis ou broyés jusqu'au jour même où vous apporterez l'offrande à votre Dieu. C'est une prescription perpétuelle pour vous au fil des

générations, partout où vous habiterez. »
(Lévitique 23 :9-14 S21).

Mon beau-père est agriculteur et il lui arrivait de me raconter des histoires où Dieu protégeait ses récoltes. Il arrivait qu'une tempête de grêle vienne frapper tout sauf ces plantes et qu'aucune de ses récoltes ne soit endommagée. Il comprit très tôt que même si un homme pourrait préparer la terre, sans les bonnes conditions, il n'y aurait toujours pas de récolte.

De la même manière, la fête des Prémices était un moment où les enfants d'Israël reconnaissaient que la seule raison pour laquelle il y avait une récolte était grâce à Dieu. Cette reconnaissance se faisait en apportant à Dieu la première coupe de leur orge. L'application simple pour nous aujourd'hui pourrait être de donner un dixième de notre salaire à Dieu en premier. En faisant cela, nous reconnaissons que, même si nous avons effectué le travail, c'est Dieu qui a fourni la santé et le travail, car la terre et tout ce qu'elle contient appartient à Dieu (Psaume 24 :1).

Comme les autres fêtes, la fête des Prémices a été faite pour préparer les Israélites à accueillir Jésus, qui est le premier fruit des morts. Cela signifie que Jésus fut la première personne à ressusciter d'entre les morts et à entrer au Ciel. L'apôtre Paul a abordé cette question en déclarant : *« Mais en réalité, Christ est ressuscité, précédant ainsi ceux qui sont morts »* (1 Corinthiens 15 : 20 S21).

Avant la résurrection de Jésus d'entre les morts, tous ceux qui mouraient dans l'Ancien Testament n'entraient jamais au Ciel, mais allaient plutôt dans un endroit appelé *shéol* (ăbaddôn « destruction », la fosse ou le giron d'Abraham) (Nombres 16 :30-33 ; Deutéronome 32 :22 ; Ézéchiel 32 :26-27 ; Job 7 : 9-10 ; 10 :21 ; Psaume 88 : 10 ; Luc 16 :22 ; Actes 2 : 27,30). Mais après la résurrection de Jésus d'entre les morts, la Bible dit que,

> *« Les tombeaux s'ouvrirent et les corps de plusieurs saints qui étaient morts ressuscitèrent. Etant sortis des tombes, ils entrèrent dans la ville sainte après la résurrection de Jésus et apparurent à un grand nombre de personnes. »* (Matthieu 27 :52-53 S21).

Parfois, Jésus comparait la moisson à la conquête des âmes dans le Royaume de Dieu. Il l'a démontré lorsqu'il a vu une foule venue l'écouter prêcher et qu'il eut pitié d'elle.

> *« [...] car elles étaient blessées et abattues, comme des brebis qui n'ont pas de berger. Alors il dit à ses disciples : « La moisson est grande, mais il y a peu d'ouvriers. Priez donc*

le maître de la moisson d'envoyer des ouvriers dans sa moisson. » (Matthieu 9 : 36-38 S21).

Jésus lui-même est devenu le symbole d'une âme récoltée. Symboliquement, Il est devenu le premier fruit de la moisson, comme l'orge qu'on apportait dans le livre de Lévitique, lorsqu'Il s'est introduit dans le Ciel. Le péché empêchait toute âme d'entrer au Paradis, c'est pourquoi tous ceux qui sont morts avant Christ n'ont pas pu y entrer. Lors de sa résurrection, Jésus est monté comme le premier fruit des morts, un agneau sans tache. Par conséquent, lorsqu'Il s'adressa à Marie-Madeleine, Jésus dit : *« Ne me retiens pas, car je ne suis pas encore monté vers mon Père, mais va trouver mes frères et dis-leur que je monte vers mon Père et votre Père, vers mon Dieu et votre Dieu. »* (Jean 20 :17 S21).

En tant que premier fruit, Jésus ne pouvait même pas être touché par un être humain car ils étaient encore impurs à cause de la corruption du péché. Cette corruption a finalement été éliminée lorsqu'Il est entré dans les cours du Ciel et s'est présenté comme l'Agneau sans tache, une odeur agréable à Dieu et le premier fruit de ceux qui s'étaient endormis. Lorsque Jésus est entré dans les cieux, ce n'était pas seulement pour les Juifs, mais pour le monde entier (1 Jean 2 :1-3). C'est pourquoi la fête qui suit la fête des Prémices est la fête de la Pentecôte.

Chapitre 7

La fête des Semaines et le Saint-Esprit

Après la fête des Prémices, il y avait la fête des Semaines (*Shavuot* שָׁבֻעֹת חַג), ou comme beaucoup d'entre nous la connaissent, la Pentecôte. La Pentecôte, comme la fête des Prémices était célébrée en un seul jour. Dans notre calendrier moderne la fête de la Pentecôte tombe parfois entre fin mai et début juin.

Le Seigneur déclare,

« Depuis ce lendemain du sabbat, depuis le jour où vous apporterez la gerbe pour faire le geste de présentation, vous compterez sept semaines entières. Vous compterez 50 jours jusqu'au lendemain du septième sabbat et vous ferez une offrande nouvelle à l'Eternel. Vous apporterez de vos maisons deux pains pour qu'ils soient présentés. Ils seront faits avec 4 litres et demi de fleur de farine et cuits avec du levain, en tant que premières parts réservées à l'Eternel. En plus de ces pains, vous offrirez en holocauste à l'Eternel 7 agneaux d'un an sans défaut, un jeune taureau et 2 béliers, ainsi que l'offrande végétale et les offrandes liquides qui les accompagnent. Ce sera une offrande passée par le feu dont l'odeur est agréable à l'Eternel. Vous offrirez un bouc en sacrifice d'expiation et 2 agneaux d'un an en sacrifice de

communion. Le prêtre fera pour ces victimes le geste de présentation devant l'Eternel, avec le pain et les 2 agneaux. Elles seront consacrées à l'Eternel et appartiendront au prêtre. Ce jour même, vous proclamerez la fête et vous aurez une sainte assemblée ; vous n'effectuerez aucun travail pénible. C'est une prescription perpétuelle pour vous au fil des générations, partout où vous habiterez. » Quand vous ferez la moisson dans votre pays, tu ne moissonneras pas ton champ jusqu'aux bords et tu ne ramasseras pas ce qui reste à glaner. Tu laisseras cela au pauvre et à l'étranger. Je suis l'Eternel, votre Dieu. » (Lévitique 23 :15-22 S21).

La fête de la Pâque indiquait le début de la récolte de l'orge tandis que la fête de la Pentecôte était célébrée pendant la récolte du blé. Les sept semaines qu'ils devaient compter commençaient à la Fête des Prémices. Le nombre total de jours qu'ils comptaient était de cinquante (en Grec, le mot *pente* signifie cinquante).

Contrairement aux autres fêtes du printemps qui étaient célébrées sur plusieurs jours, cette fête devait être célébrée en un seul jour : le cinquantième jour. Pendant mon séjour en Israël, notre guide nous avait parlé de la fête de la Pentecôte. Il avait expliqué que des nombreux sages et écrivains juifs croient que la première fête de la Pentecôte avait eu lieu au mois de *Sivan* (Mai-

Juin), à l'époque où Dieu donna les dix commandements.

On peut connaître le mois où Dieu est descendu sur le Mont Sinaï en nous réfèrent au livre Exode 19 :1. Moïse écrit : « *Le jour même du troisième mois après leur sortie d'Egypte, les Israélites arrivèrent au désert du Sinaï.* » (Exode 19 :1 S21). Le troisième mois du calendrier juif est le mois de *Sivan*.

Au cours de cette première Pentecôte de l'Exode, Dieu lui-même parla au peuple et lui donna les dix commandements. Lorsque Dieu descendit sur la montagne, Moïse déclara : « *Le mont Sinaï était tout en fumée parce que l'Eternel y était descendu au milieu du feu. Cette fumée s'élevait comme la fumée d'une fournaise et toute la montagne tremblait avec violence.* » (Exode 19 :18 S21). Le peuple vit Dieu de loin et fut témoin du feu sur la montagne.

Certains sages (ou écrivains) juifs suggèrent que la voix de Dieu a été vue aussi bien qu'entendue sur le Mont Sinaï. La raison de cette croyance est que dans Exode 20 :18, l'expression (ou la phrase) en hébreu « העם ראים את הקולת » peut être traduit par « *[...] tout le peuple voit les voix et les flammes [...]* »[4] Lorsque Dieu parlait, on voyait des éclairs et des tonnerres (que l'on peut traduire par des flammes de feu). En parlant de la voix de Dieu, le roi David écrit : « *La voix de l'Eternel fait jaillir des éclairs.*» (Psaume 29 :7 S21).

Comme pour les autres fêtes, la vie de Jésus ~~fut~~ était aussi l'accomplissement de la Fête de Pentecôte. Cela est démontré par le fait que Dieu a ordonné aux Israélites d'apporter une nouvelle offrande de grains (Lévitique 23 :16). Dans le Nouveau Testament, Jésus est devenu notre nouvelle offrande de blés. Avant d'aller à la croix, Jésus dit : « *En vérité, en vérité, je vous le dis, si le grain de blé tombé en terre ne meurt pas, il reste seul ; mais s'il meurt, il porte beaucoup de fruit.* » (Jean 12 :24 S21).

Deuxièmement, lors de la Fête de la Pentecôte, les enfants d'Israël apportaient deux pains pour être présentés comme une offrande (Lévitique 23 :17). Que symbolisent les pains ? Dans le Nouveau Testament, Jésus dit qu'Il est le vrai pain qui est descendu du ciel

---

4. Young, Robert. 2015. Young's Literal Translation of the Holy Bible [Traduction littérale de la Sainte Bible par Young].

(Jean 6 :31-35), ce qui signifie qu'il était la Parole de Dieu manifestée. En considérant cela, les deux pains pourraient symboliser l'Ancien et le Nouveau Testament qui ont été pleinement complétés par la vie de Jésus !

Grâce au sacrifice de Jésus, il y a maintenant la paix entre Dieu et l'homme. *« En effet, Dieu a voulu que toute sa plénitude habite en lui. Il a voulu par Christ tout réconcilier avec lui-même, aussi bien ce qui est sur la terre que ce qui est dans le ciel, en faisant la paix à travers lui, par son sang versé sur la croix. »* (Colossiens 1 :19-20 S21). Il a accompli l'offrande de paix entre Dieu et l'homme (Lévitique 23 :18-19).

En outre, la descente du Saint-Esprit sur les disciples dans le livre des Actes des Apôtres est en corrélation avec la descente de Dieu sur le Mont Sinaï.

La Bible atteste :

« Quand le jour de la Pentecôte arriva, ils étaient tous ensemble au même endroit. Tout à coup il vint du ciel un bruit comme celui d'un vent violent, qui remplit toute la maison où ils étaient assis. Des langues qui semblaient de feu leur apparurent, séparées les unes des autres, et elles se posèrent sur chacun d'eux. Ils furent tous remplis du Saint-Esprit et se mirent à parler en d'autres langues, comme l'Esprit leur donnait de s'exprimer. » (Actes 2, 1-4 S21).

Comme dans Exode 19, Dieu se présente sous la forme d'un feu. Les Israélites devaient se tenir éloignés de la montagne sur laquelle Dieu descendait ; cependant, dans le Nouveau Testament, les gens ces sont rapprochés grâce au sacrifice de Jésus-Christ.

La beauté de cette fête est qu'elle rappelle aux Israélites leur mission, qui était d'être une lumière pour les nations et de prendre soin des personnes blessées et brisées. C'est pourquoi je crois que Dieu leur a dit,

> « Quand vous ferez la moisson dans votre pays, tu ne moissonneras pas ton champ jusqu'aux bords et tu ne ramasseras pas ce qui reste à glaner. Tu laisseras cela au pauvre et à l'étranger. Je suis l'Eternel, votre Dieu. » (Lévitique 23 :22 S21).

L'inclusion des étrangers, également connus sous le nom de Gentils (ou païens), a mis en évidence le but des Israélites, qui était d'être un royaume de prêtres chargés de jeter un pont entre Dieu et les hommes (Exode 19 :6).

Atteindre les païens a toujours été le désir du cœur de Dieu. Cette mission allait enfin être accomplie par le Fils de Dieu, Jésus. L'apôtre Paul décrit l'accomplissement de cette mission dans sa lettre à l'église d'Ephèse,

« Mais maintenant, en Jésus-Christ, vous qui autrefois étiez loin, vous êtes devenus proches par le sang de Christ. En effet, il est notre paix, lui qui des deux groupes n'en a fait qu'un et qui a renversé le mur qui les séparait, la haine. Par sa mort, il a rendu sans effet la loi avec ses commandements et leurs règles, afin de créer en lui-même un seul homme nouveau à partir des deux, établissant ainsi la paix. Il a voulu les réconcilier l'un et l'autre avec Dieu en les réunissant dans un seul corps au moyen de la croix, en détruisant par elle la haine. Il est venu annoncer la paix à vous qui étiez loin et à ceux qui étaient près. A travers lui, en effet, nous avons les uns et les autres accès auprès du Père par le même Esprit. Ainsi donc, vous n'êtes plus des étrangers ni des résidents temporaires ; vous êtes au contraire concitoyens des saints, membres de la famille de Dieu. » (Éphésiens 2 :13-19 S21).

Chapitre 8

L'Eté et les Tests

Après les fêtes de printemps venait une période de trois mois que nous appelons Eté (début Juin-début Septembre). A l'époque biblique, vers la fin de l'Eté les Israélites récoltaient des fruits. Il s'agissait de raisins, d'olives, de dattes, de figues, de grenades et d'autres fruits, graines et légumes[5].

Il est étonnant de voir comment tout cela se rapporte à notre vie spirituelle. La Pentecôte a marqué le début de la récolte des âmes. Chaque âme gagnée à Dieu doit passer par une période de test, et on peut considérer l'été comme cette période de test. À la fin de la période de test, la seule façon de savoir que tu as réussi le test est et que ton fruit est mûr (mature).

---

5. "Harvest Seasons of Ancient Israel." [Les saisons des moissons dans l'ancien Israël] n.d. GCI Archive. Consulté le 18 juin 2021. https://archive.gci.org/articles/harvest-seasons-of-ancient-israel/.

Notre tâche, en tant que croyants (ou chrétiens), est donc d'être connectés à la vigne et de porter beaucoup de fruits. Avant d'être crucifié, Jésus a parlé méticuleusement aux disciples à propos de porter du fruit[6].

> « *Je suis le cep, vous êtes les sarments. Celui qui demeure en moi et en qui je demeure porte beaucoup des fruits, car sans moi vous ne pouvez rien faire. Si quelqu'un ne demeure pas en moi, il est jeté dehors comme le sarment et il sèche ; puis on ramasse les sarments, on les jette au feu et ils brûlent. Si vous demeurez en moi et que mes paroles demeurent en vous, vous demanderez ce que vous voudrez et cela vous sera accordé. Ce qui manifeste la gloire de mon Père, c'est que vous portiez beaucoup de fruit. Vous serez alors vraiment mes disciples. (Jean 15, 5-8)*

Selon ce que Jésus dit, celui qui demeure en lui finira par porter du fruit, car il est la vigne. Son Père, qui, selon Jésus, est le vigneron, taillera les branches pour qu'elles portent beaucoup des fruits. La taille, dans ce cas, signifie couper les parties mortes des branches pour qu'il y ait une nouvelle croissance.

---

6. Amazing Name Ethanim: Meaning and Etymology." [« L'étonnant nom Ethanim : Signification et étymologie »] n.d Abarim Publications. Consulté le 18 juin 2021.

Ce processus de tailler (ou d'émondage) peut être comparé aux tests et aux épreuves qu'un croyant doit traverser pour être raffiné. Le concept de l'épreuve de Dieu est mis en évidence dans les Proverbes lorsque le roi Salomon déclare : « *Le creuset est pour l'argent, et le fourneau pour l'or, mais celui qui met les cœurs à l'épreuve, c'est l'Eternel.* » (Proverbes 17 : 3 S21).

Pour que l'argent et l'or soient raffinés, ils doivent passer par une chaleur immense. Ce n'est que lorsque l'argent et l'or ont été fondus jusqu'à leur forme liquide que quelqu'un peut éliminer les impuretés. De même, Dieu utilise les épreuves comme une fournaise dans la vie des gens. Tout comme les impuretés de l'argent et de l'or remontent à la surface lorsqu'elles sont soumises à une chaleur intense, les désirs des profondeurs de notre cœur sont révélés par l'épreuve. L'apôtre Pierre l'exprime ainsi : « *Mes bien-aimés, ne soyez pas surpris de la fournaise qui sévit parmi vous pour vous éprouver, comme s'il vous arrivait quelque chose d'étrange.* » (1 Pierre 4 :12 S21). À travers les épreuves, Dieu sonde nos cœurs et expose les motifs cachés en eux. « *Moi, l'Eternel, j'explore le cœur, j'examine les reins pour traiter chacun conformément à sa conduite, au fruit de ses agissements.* » (Jérémie 17 :10 S21).

Il est clair que Dieu soumettra tous les croyants à des épreuves. Cependant, ces tests ne doivent pas être confondus avec la tentation, car Dieu ne tente personne (Jacques 1 :13). L'épreuve de Dieu révèle la condition du cœur d'une personne. La tentation, en revanche, trompe votre cœur en vous poussant à désirer davantage de manière égoïste.

L'unique façon de réussir ces tests est de demeurer en Jésus, comme Il connaît les bonnes réponses. La note de réussite des épreuves auxquelles nous serons confrontés est le fruit qui est manifesté à travers nous. De quel type de fruit est-ce que je parle ? Dans l'épitre aux Galates, nous lisons à propos du fruit produit par une vie qui demeure dans l'Esprit de Dieu.

L'auteur de l'épitre aux Galates était l'apôtre Paul. Il écrit cette lettre à l'église de Galatie, qui se trouve dans l'actuelle Turquie. Tout au long de la lettre aux Galates, Paul insista sur le fait qu'une personne est sauvée et justifiée par la foi. Il insista sur ça parce que, parmi les croyants de Galatie, certains soutenaient qu'une personne avait besoin de la loi pour être vraiment sauvée.

Paul, en revanche, réprimanda ce processus de pensée et dit à l'église de Galatie : « *Vous êtes séparés de Christ, vous tous qui cherchez à être considérés comme justes dans le cadre de la loi, vous êtes déchus de la grâce* » (Galates 5 :4). Paul croyait que les gens seraient coupés du Christ parce que, lorsque nous somme séparer de l'Esprit de Dieu, nous sommes sous le contrôle de notre nature charnelle.

Cette nature charnelle ne désire pas les choses de Dieu. Par conséquent, il est inutile d'essayer d'être sauvé par la loi, car la loi est parfaite et nous ne le sommes pas. Par conséquent, lorsqu'un homme pécheur tente d'accomplir une Loi parfaite, il est emprisonné par la Loi car, comme un miroir, elle lui montre tous ses défauts et le condamne (Galates 2 ; Galates 3).

La seule conclusion pour être vraiment sauvé et justifié est de passer par quelqu'un qui pourrait accomplir la Loi et nous adopter dans sa famille. C'est exactement ce que Paul aborde lorsqu'il dit,

> « *Nous aussi, de la même manière, lorsque nous étions des enfants, nous étions esclaves des principes élémentaires qui régissent le monde. Mais, lorsque le moment est vraiment venu, Dieu a envoyé son Fils, né d'une femme, né sous la loi, pour racheter*

ceux qui étaient sous la loi afin que nous recevions le statut d'enfants adoptifs. Et parce que vous êtes ses fils, Dieu a envoyé dans votre cœur l'Esprit de son Fils qui crie : « Abba ! Père !» Ainsi tu n'es plus esclave, mais fils ; et si tu es fils, tu es aussi héritier de Dieu par Christ. » (Galates 4 :3-7 S21).

Grâce à Jésus-Christ, nous pouvons maintenant avoir véritablement un libre arbitre (ou volonté). Auparavant, la puissance du péché régissait notre corps et nous marchions dans la chair ; maintenant, par l'Esprit de Dieu, nous pouvons choisir de marcher dans la chair ou dans l'Esprit. *« C'est pour la liberté que Christ nous a affranchis. Tenez donc ferme dans cette liberté et ne vous placez pas de nouveau sous la contrainte d'un esclavage. »* (Galates 5 :1 S21). C'est en soumettant notre liberté à Christ que nous pouvons vraiment marcher dans l'esprit et ne pas satisfaire les désirs de la chair.

Lorsque nous choisissons de nous soumettre à l'Esprit, Paul explique que la preuve de cette soumission doit être démontrée par le fruit produit dans nos vies par le Saint-Esprit. Paul dit : *« Mais le fruit de l'Esprit, c'est l'amour, la joie, la paix, la patience, la bonté, la bienveillance, la foi, la douceur, la maîtrise de soi. Contre de telles attitudes, il n'y a pas de loi. »* (Galates 5 :22-23 S21).

Toutes ces manifestations de l'unique Esprit sont subsumées et exprimées par l'amour (1 Corinthiens 13). En d'autres termes, il s'agit d'un seul fruit avec différents aspects ; un fruit à multiples facettes. Par conséquent, une personne ne peut pas dire qu'elle a la joie et pas l'amour. La joie est une caractéristique de l'amour, et l'amour est la capsule du fruit de l'Esprit.

C'est ce fruit que Jésus inspectera un jour lorsque nous nous tiendrons devant Lui. C'est pourquoi, pendant la période de test (de l'été) dans laquelle nous nous trouvons actuellement, il est important de soumettre notre vie au Saint-Esprit. Ce n'est que lorsque nous abandonnons tout au Saint-Esprit que nous marchons vraiment par l'Esprit.

Malheureusement, tout le monde n'est pas prêt à soumettre sa vie au Saint-Esprit. Et à cause de leur refus de permettre à Jésus d'avoir le plein contrôle de leur vie, ils risquent un jour d'être séparés de Jésus pour l'éternité. Jésus dit : « *Si quelqu'un ne demeure pas en moi, il est jeté dehors comme le sarment et il sèche ; puis on ramasse les sarments, on les jette au feu et ils brûlent.* » (Jean 15 :6). Ce processus de séparation et de jugement est ce que les trois prochaines fêtes aborderont. Les fêtes de printemps concernaient la première venue de Jésus ; les fêtes d'automne concernent le retour de Jésus !

LES FÊTES D'AUTOMNE

Chapitre 9

Jésus et la Fête des Trompettes

Le nombre sept est un chiffre important dans les Écritures. De la Genèse à l'Apocalypse, nous voyons ce nombre utilise de façon répétitive. La première mention de ce chiffre se trouve dans le livre de la Genèse, où il est dit :

« *Le septième jour, Dieu mit un terme à son travail de création. *Il se reposa de toute son activité le septième jour. Dieu bénit le septième jour et en fit un jour saint, parce que ce jour-là il se reposa de toute son activité, de tout ce qu'il avait créé.* » (Genèse 2 : 2-3).

C'est le premier Sabbat, un jour où l'on commémore ce que Dieu a fait et où l'on se repose comme Lui.

Ainsi, conformément à ce passage, le septième jour peut signifier le repos et l'achèvement. De cette compréhension fondamentale, nous pouvons déduire que lorsque nous voyons le chiffre sept dans la Bible, il reflète également le repos et l'achèvement. L'auteur de l'épitre aux hébreux utilisa le septième jour pour illustrer notre entrée un jour au Paradis. Il déclara,

> « Il reste donc un repos de sabbat pour le peuple de Dieu. En effet, celui qui entre dans le repos de Dieu se repose lui aussi de son activité, tout comme Dieu s'est reposé de la sienne. Empressons-nous donc d'entrer dans ce repos afin que personne ne tombe en donnant le même exemple de désobéissance. » (Hébreux 4 :9-11 S21).

En gardant cela à l'esprit, on peut mieux comprendre les fêtes d'automne qui ont toutes lieu le septième mois. La première de ces trois fêtes est la fête des *Trompettes* (*Rosh Hashanah*, Yom Teruah יוֹם תְּרוּעָה). Dieu dit ceci à Moïse concernant cette fête :

> « [...] « Transmets ces instructions aux Israélites : Le premier jour du septième mois, vous aurez un jour de repos proclamé au son des trompettes et une sainte assemblée. Vous n'effectuerez aucun travail pénible et

vous offrirez à l'Eternel des sacrifices passés par le feu. » (Lévitique 23 :23-25 S21).

Le septième mois du calendrier juif est le mois appelé *Tishri.* Dans notre calendrier, ce mois tombe quelque part entre les mois de septembre et d'octobre.

Le septième mois n'a été appelé *Tishri* qu'après l'exil de Babylone, il signifie *« commencement ».* À l'origine, le nom du septième mois était *Ethanim,* qui signifie *« plantes vivaces ».*[7] Une plante vivace est une plante qui est présente à toutes les saisons de l'année.[8]

Bibliquement, le nom original du septième mois n'est mentionné qu'une seule fois au milieu de la dédicace du temple de Salomon (1 Rois 8 :2 S21). Cette histoire se trouve également dans 2 Chroniques 5 et elle décrit la gloire tangible de Dieu tombant sur le temple construit par Salomon.

Dieu ne fait rien par hasard ; tout ce qu'Il fait a un but. Remarquez que c'est au septième mois, un mois sabbatique, que la gloire tangible de Dieu tombe sur le

---

7. "Definition of PERENNIAL." [« Définition de PERENNIAL. »] N.d. www.merriam-webster.com. https://www.merriam-webster.com/dictionary/perennial.

temple. Ce mois, nommé [Vivace], est le mois où le Dieu l'Eternel, qui est le commencement et qui apporte la vie éternelle, décide de venir et d'entrer dans le temple que Salomon a construit.

Dès le début, Dieu a réservé le septième mois comme un mois qui préfigurerait son retour, lorsque tout serait achevé et que nous entrerions dans son repos. La première fête de ce mois est la fête des Trompettes. Je crois que lorsque Paul parle de la fin des temps à l'Église de Corinthe, il partage quelque chose qui reflète cette fête :

> *« Voici, je vous dis un mystère : nous ne mourrons pas tous, mais tous nous serons transformés, en un instant, en un clin d'œil, au son de la dernière trompette. La trompette sonnera, alors les morts ressusciteront incorruptibles et nous, nous serons transformés. » (1 Corinthiens 15 :51-52 S21).*

De nombreux écrivains affirment que Paul parle ici de l'enlèvement. Paul décrit encore ce phénomène lorsqu'il parle de la fin des temps à l'église de Thessalonique. Il leur dit,

> *« Voici ce que nous vous déclarons d'après la parole du Seigneur : nous les vivants, restés pour le retour du Seigneur, nous ne devancerons pas ceux qui sont morts. En effet, le Seigneur lui-même, à un signal donné, à la voix d'un archange et au son de la trompette de Dieu, descendra du ciel et*

ceux qui sont morts en Christ ressusciteront d'abord. Ensuite, nous qui serons encore en vie, nous <u>serons tous ensemble enlevés</u> avec eux sur des nuées à la rencontre du Seigneur dans les airs, et ainsi nous serons toujours avec le Seigneur. » (1 Thessaloniciens 4 : 15-17 S21).

Un jour, le Ciel sonnera sa trompette et ceux qui appartiennent à Dieu, qui ont porté du fruit à travers les épreuves, seront rassemblés par les anges, et sauvés du jour de la colère de Dieu. En revanche, ceux dont les péchés n'auront pas été expiés ce jour-là connaîtront la séparation éternelle avec Dieu. Désormais, la prochaine fête après la fête des Trompettes est le Jour des Expiations !

Chapitre 10

Le jour des Expiations et la Colère de Dieu

Il y avait un jour de l'année où le grand prêtre entrait dans le Saint des Saints et faisait un sacrifice pour toute la nation d'Israël (Hébreux 9 :7). Ce jour était connu sous le nom de *Yom* (יוֹם), qui signifie *« jour »* en hébreu, et de *Kippour* (כִּפֻּר), traduit par *« expiation »,* le Jour des Expiations.

Dieu dit ceci à Moïse au sujet du Jour des Expiations,

> *« Le dixième jour de ce septième mois, ce sera le jour des expiations. Vous aurez une sainte assemblée, vous vous humilierez et vous offrirez à l'Eternel des sacrifices passés par le feu. Vous ne ferez aucun travail ce jour-là, car c'est le jour des expiations, où l'expiation doit être faite pour vous devant l'Eternel, votre Dieu. Toute personne qui ne s'humiliera pas ce jour-là sera exclue de son peuple. Toute personne qui fera ce jour-là un travail quelconque, je l'exclurai du milieu de son peuple. Vous ne ferez aucun travail. C'est une prescription perpétuelle pour vous au fil des générations, partout où vous habiterez. Ce sera pour vous un sabbat, un jour de repos, et vous vous humilierez. Dès le*

soir du neuvième jour jusqu'au soir suivant, vous célébrerez votre sabbat. » (Lévitique 23 :27-32 S21).

De toutes les fêtes, le jour des expiations est le seul où Dieu dit *qu'il faut s'affliger*. La gravité de ce jour peut être ressentie rien qu'en lisant ce qui s'y rapporte.

Lors d'un de mes voyages en Israël, je me suis rendu au *Temple Institute*, un endroit où les Juifs Orthodoxes préparent des objets pour la reconstruction du temple, et j'ai appris ce que beaucoup de Juifs croyaient qu'allait se passer pendant *Yom Kippour*. C'est une croyance (ou une pensée) que le jour de *Yom Kippour,* le jugement dernier soit prononcé. Pour cette raison pendant cette fête, Dieu a mis l'accent sur la repentance, qui consiste à se détourner de ses péchés et à se tourner vers Dieu.

Jésus est notre Grand Prêtre et,

> *« Il n'a pas besoin comme les autres grands-prêtres d'offrir chaque jour des sacrifices, d'abord pour ses propres péchés, ensuite pour ceux du peuple, car il a accompli ce service une fois pour toutes en s'offrant lui-même en sacrifice »* (Hébreux 4 :14-16 ; Hébreux 7 :27).

Par son sacrifice, il a apaisé la colère de Dieu (1 Jean 2 : 1-4). Mais celui qui ne croit pas reste sous la colère de Dieu (Jean 3 : 36).

Un jour, Dieu jugera le monde entier. Dieu a inondé la terre d'eau au temps de Noé, mais un jour Il la consumera par le feu. L'apôtre Pierre l'a expliqué de la manière suivante :

> « Le jour du Seigneur viendra comme un voleur [dans la nuit]. Ce jour-là, le ciel disparaîtra avec fracas, les éléments embrasés se désagrégeront et la terre avec les œuvres qu'elle contient sera brûlée. » (2 Pierre 3 :10 S21).

Nous devons cependant comprendre que Dieu ne célèbre pas le jugement. Dieu veut que tous se repentent et qu'aucun ne périsse (2 Pierre 3 :9). On peut le constater lorsque Jésus, qui est l'image du Dieu invisible (Colossiens 1 :15), pleura sur Jérusalem alors que les habitants ne connaissaient pas l'heure de leur visite et quand ils allaient faire face au jugement. Luc, lorsqu'il écrit à ce sujet, dit,

> « Quand il approcha de la ville et qu'il la vit, Jésus pleura sur elle et dit : « Si seulement tu avais toi aussi reconnu, aujourd'hui, ce qui peut te donner la paix ! Mais maintenant, cela est caché à tes yeux. Des jours viendront pour toi où tes ennemis t'entoureront d'ouvrages fortifiés, t'encercleront et te serreront de tous côtés. Ils te détruiront, toi et tes enfants au milieu de toi, et ils ne laisseront pas en toi pierre sur pierre, parce que tu n'as

pas reconnu le moment où tu as été visitée.
» (Luc 19 : 41-44 S21).

Un jour, Moïse est monté sur le mont Sinaï pour obtenir des instructions sur comment préparer un lieu où nous pourrions habiter avec Dieu et recevoir les commandements écrits de Dieu. Lorsqu'il partit, il plaça *Aaron* (son frère) et d'autres chefs sur le peuple. Il ne partit que pour quarante jours et ceux qui sont restés au pied de la montagne se rebellèrent (Exode 24-32).

Lorsqu'il descendit de la montagne, il brûla de colère. La Bible dit,

> *« En s'approchant du camp, il vit le veau et les danses. La colère de Moïse s'enflamma. Il jeta les tables qu'il tenait et les brisa au pied de la montagne. Il prit le veau qu'ils avaient fait et le brûla au feu ; il le réduisit en poudre, versa cette poudre à la surface de l'eau et la fit boire aux Israélites » (Exode 32 :19-20 S21).*

Juste avant les quarante jours pendant lesquels Moïse gravit le Mont Sinaï, tous les anciens rencontrèrent Dieu et mangèrent dans sa proximité (Exode 24 S21). Mais en un peu plus d'un mois, toutes leurs expériences furent oubliées, car ces mêmes anciens revinrent à leurs anciennes habitudes.

Leur désobéissance causa la mort de beaucoup de gens : des frères ont dû tuer des frères, des amis ont tué des amis, et des voisins ont tué leurs voisins par l'épée (Exode 32 :26-30). Des milliers de personnes sont mortes pendant ce jugement et il y avait une séparation nette entre ceux qui étaient pour Dieu et ceux qui ne l'étaient pas. Les Lévites, les vrais prêtres, ont été mis à part ce jour-là.

Jésus, lui aussi, a gravi la montagne de Dieu (Psaume 24 :3-4). Il prépare un lieu afin que nous puissions habiter avec Dieu comme Moïse l'a fait (Jean 14 :3). Un jour, Lui aussi, comme Moïse, reviendra (Actes 1 :11). Beaucoup périront aussi le jour de son retour, et les vrais prêtres seront révélés (Matthieu 25 : 31-46).

Jésus viendra à Jérusalem et régnera avec un sceptre de fer (Apocalypse 2 : 27). Pendant qu'Il régnera, ceux qui ont été séparés régneront avec lui (Apocalypse 20 : 4-6). Ce sera l'accomplissement de la dernière fête, la fête des Tabernacles.

Chapitre 11

La fête des Tabernacles et le Retour de Jésus

Nous avons déjà abordé le fait que Dieu a décidé de se révéler aux enfants d'Israël au septième mois, après que le roi Salomon ait terminé la construction de son temple (2 Chroniques 5). Cette révélation, où la gloire *shekinah (gloire visible ou tangible de Dieu)* est tombée sur le temple, est également commémorée par un festin. La Bible dit : « *Tous les hommes d'Israël se réunirent auprès du roi pour la fête des tentes, qui se célèbre le septième mois.* » (2 Chroniques 5 :3 S21).

La Fête des Tentes est également connue sous le nom de Fête des Tabernacles (*Sukkot* סֻכּוֹת). En ce qui concerne la fête des Tabernacles, Dieu a dit ceci à Moïse :

> « *Transmets ces instructions aux Israélites : Le quinzième jour de ce septième mois, ce sera la fête des tentes en l'honneur de l'Eternel, qui durera 7 jours. Le premier jour, il y aura une sainte assemblée ; vous n'effectuerez aucun travail pénible. Pendant 7 jours, vous offrirez à l'Eternel des sacrifices passés par le feu. Le huitième jour, vous aurez une sainte assemblée et vous offrirez à*

l'Eternel des sacrifices passés par le feu ; ce sera une assemblée solennelle, vous n'effectuerez aucun travail pénible.

» Le quinzième jour du septième mois, quand vous récolterez les produits du pays, vous célébrerez donc une fête en l'honneur de l'Eternel pendant 7 jours : le premier jour sera un jour de repos, et le huitième aussi. Le premier jour, vous prendrez de beaux fruits, des branches de palmiers, des rameaux d'arbres touffus et des saules de rivière, et vous vous réjouirez devant l'Eternel, votre Dieu, pendant 7 jours. Vous célébrerez chaque année cette fête à l'Eternel pendant 7 jours. C'est une prescription perpétuelle pour vous au fil des générations. Vous la célébrerez le septième mois. Vous habiterez pendant 7 jours sous des tentes. Tous les Israélites de naissance habiteront sous des tentes afin que vos descendants sachent que j'ai fait habiter les Israélites sous des tentes après les avoir fait sortir d'Egypte. Je suis l'Eternel, votre Dieu. » (Lévitique 23 : 34-36, 39-43 S21).

Au cours de cette fête, même le roi sortait de son palais, s'installait dans une cabine et vivait parmi le peuple. Dans 2 Chroniques 5 et 6, nous voyons le roi Salomon faire exactement cela.

Après que la gloire fut tombée sur le temple, Salomon fit cette affirmation : *« Mais quoi ! Dieu pourrait-il vraiment habiter avec l'être humain sur la terre ? Puisque ni le ciel ni les cieux des cieux ne peuvent te* contenir, cette maison que j'ai construit le pourrait d'autant moins !». (2 Chroniques 6 : 18). Salomon, ayant vu la nature magnifique de la gloire de Dieu, n'a pas pu appréhender pleinement la présence de Dieu demeurant dans le temple qu'il a construit.

Dans le livre des Actes des Apôtres, Paul s'étend davantage sur ce fait. Lorsqu'il est arrivé à Athènes et qu'il a vu une inscription écrite à un *« A un dieu inconnu »,* il a commencé à expliquer aux gens que ce *« dieu inconnu »* était en réalité le Dieu du ciel. Il a déclaré : *« Le Dieu qui a fait le monde et tout ce qui s'y trouve est le Seigneur du ciel et de la terre, et il n'habite pas dans des temples faits par la main de l'homme »* (Actes 17 : 24 S21).

En effet, Dieu ne vit pas dans des temples faits par l'homme, mais il vit dans son temple, c'est-à-dire, nous *« Ne savez-vous pas que vous êtes le temple de Dieu et que l'Esprit de Dieu habite en vous ? Si quelqu'un détruit le temple de Dieu, Dieu le détruira, car le temple de Dieu est saint, et c'est ce que vous êtes »* (1 Corinthiens 3 : 16-17 S21). L'un des objectifs de Dieu a toujours été de faire le tabernacle (habiter) avec nous ! Tout comme le roi sortait de son palais et vivait parmi le peuple pendant la fête des Tabernacles, Dieu descendra un jour du ciel et habitera avec nous.

Un autre nom pour cette fête est la fête de la Récolte (Exode 23 : 16) parce que c'est le moment où les derniers produits étaient récoltés (Lévitique 23 : 39). De même, il y aura un jour un rassemblement de toutes les âmes du monde. Lorsque Jésus reviendra et régnera ici sur la terre. C'est ce que l'on appelle le règne millénaire (le millénium), lorsque Jésus régnera ici-bas pendant 1 000 ans (Apocalypse 19).

Zacharie écrit *magnifiquement* sur la future fête des Tabernacles (ou fête de Tentes) à la fin de son livre prophétique. Il commence le dernier chapitre de son livre (chapitre 14) en décrivant la dernière bataille, qui est également connue comme la bataille d'*Armageddon* (Apocalypse 16 : 16). Dans ce dernier chapitre, Zacharie explique comment les nations du monde seront rassemblées par Dieu pour se battre contre Jérusalem. Non pas que Dieu pousse ces nations à faire le mal, mais c'est l'accumulation des péchés de Jérusalem qui les conduit à ce jugement final (Zacharie 14 : 1-4).

Ces nations pilleront Jérusalem et violeront les femmes. Mais comme mon fils l'a rêvé quand il avait trois ans, Jésus reviendra un jour. À son retour, il se tiendra sur le Mont des Oliviers, et celui-ci se divisera en deux moitiés (Zacharie 14 : 4-15). Jésus commencera son règne à ce moment-là et toutes les nations de toutes les langues devront venir célébrer la fête des Tentes. Sinon, le jugement viendra sur eux et sur leur nation.

> « Tous les survivants de toutes les nations venues attaquer Jérusalem y monteront chaque année pour adorer le roi, l'Eternel, le maître de l'univers, et pour célébrer la fête des tentes. Si une famille de la terre ne monte pas à Jérusalem pour adorer le roi, l'Eternel, le maître de l'univers, la pluie ne tombera pas sur elle. Si la famille d'Egypte ne monte pas, si elle ne vient pas, la pluie ne tombera pas sur elle, elle sera frappée du fléau dont l'Eternel frappera les nations qui ne monteront pas pour célébrer la fête des tentes. » (Zacharie 14 : 16-18 S21).

Ces sept fêtes sont autant de rendez-vous fixés par Dieu. Les quatre premières étant déjà accomplies, nous devons être prêts pour les trois dernières. Je crois que nous vivons actuellement la saison d'été, un temps de test, un temps où les fruits de nos vies doivent mûrir. Ce sont les derniers jours. Dans le deuxième volume de ce livre, nous parlerons davantage des visions et des rêves de Daniel. Je crois qu'en disséquant soigneusement ces rêves et ces visions, nous pourrons acquérir une meilleure compréhension de ces trois dernières fêtes.

Références

1. Brown, Francis, S R Driver, Charles A Briggs, Edward Robinson, James, Strong, and Wilhelm Gesenius. 2015. [Lexique hébreu et anglais de Brown, Driver et Briggs : Avec un appendice contenant l'araméen biblique : codé avec le système de numérotation de la concordance exhaustive de la Bible de Strong]. Peabody, Mass: Hendrickson Publishers.

2. Anderson, Robert. 2016. The Coming Prince. [Le Prince qui vient.] First Rate Publishers.

3. Did Jesus Rise 'On' or 'After' the Third Day?" [Jésus est-il ressuscité "le" ou "après" le troisième jour ?"] n.d. Www.apologeticspress.org. Consulté le 18 juin 2021. https://www.apologeticspress.org/APContent.aspx?&article=756

4. Young, Robert. 2015. Young's Literal Translation of the Holy Bible [Traduction littérale de la Sainte Bible par Young].

5. "Harvest Seasons of Ancient Israel." [Les saisons des moissons dans l'ancien Israël] n.d. GCI Archive. Consulté le 18 juin 2021.

https://archive.gci.org/articles/harvest-seasons-of-ancient-israel/.

6. Amazing Name Ethanim: Meaning and Etymology." [« L'étonnant nom Ethanim : Signification et étymologie »] n.d Abarim Publications. Consulté le 18 juin 2021.

7. "Definition of PERENNIAL." [« Définition de PERENNIAL. »] N.d. www.merriam-webster.com. https://www.merriam-webster.com/dictionary/perennial.

www.ingramcontent.com/pod-product-compliance
Lightning Source LLC
Chambersburg PA
CBHW060037050426
42448CB00012B/3056